Le sentiment géographique

Collection créée par Christian Giudicelli
dirigée par Gabrielle Lécrivain

François Olislaeger
Les carnets du promeneur

Le sentiment géographique

Gallimard

«Ne serait-ce pas le sentiment géographique,
cette évidence confuse que toute rêverie apporte sa terre?»

Michel Chaillou, *Le sentiment géographique*

Ouvrage publié avec le soutien du Département du Morbihan – Domaine de Kerguéhennec

Lieu de rencontre entre patrimoine, art et nature, le Domaine de Kerguéhennec, propriété du Département du Morbihan, est engagé depuis près de quarante ans dans le soutien et le partage de la création artistique contemporaine. Outre son remarquable parc de sculptures, le Domaine invite également à la rencontre des artistes, attentif à la diversité de leurs expressions et au dialogue qu'ils nourrissent avec l'histoire des lieux comme avec ses paysages. Le soutien apporté à la réalisation de cette œuvre, pensée et dessinée dans le parc du Domaine, témoigne d'un engagement fort au service d'un patrimoine vivant.

MORBIHAN KERGUÉHENNEC
DOMAINE DU DÉPARTEMENT DU MORBIHAN

Les carnets du promeneur

Hiver

Avez-vous vu quelque chose
que personne d'autre n'a vu ?

Combien d'êtres vivants avez-vous croisés au cours de votre promenade ?

Pensez-vous que les scintillements lumineux à la surface de l'eau soient provoqués par de petits êtres jouant avec des miroirs ?

Combien de hérissons se cachent dans les arbres en hiver ?

Qui a coiffé les paysages ?

J'eus d'abord du mal à comprendre ce que la goutte d'eau me proposait :

Une vision du monde inversée.

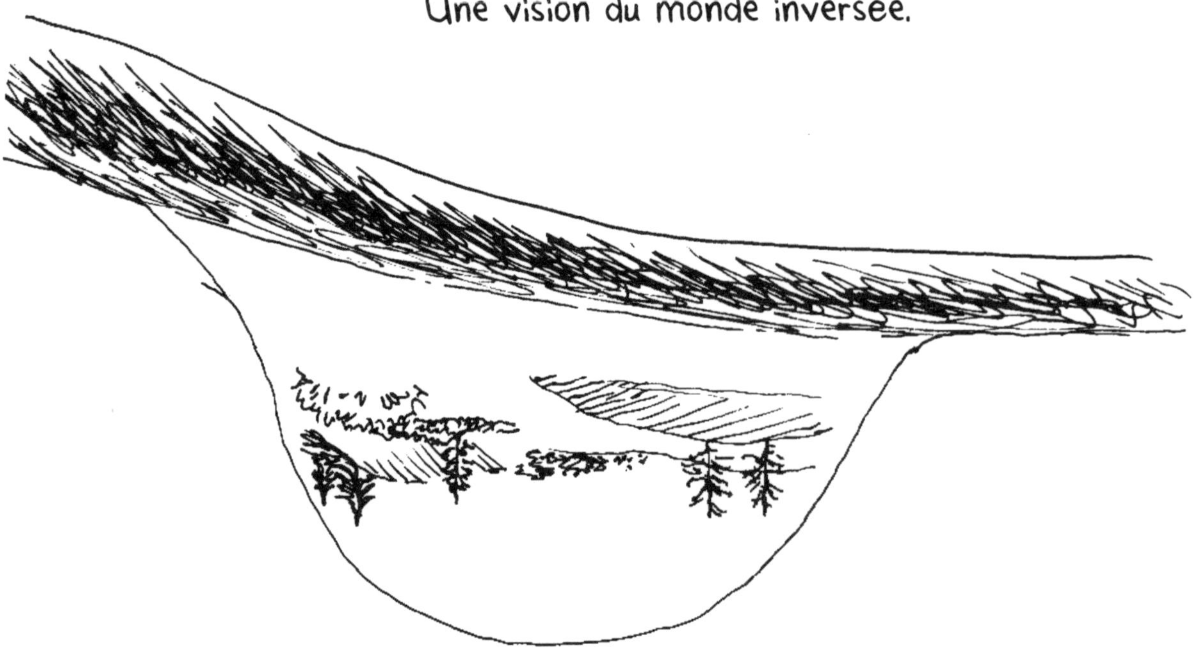

Le temps passe.

Tout marche par deux, sauf les marcheurs qui sont quatre.

(Et je ne parle pas de leur chien.)

3 arbres au bord d'une route et 6 oiseaux sur un fil : qui a commencé ?

Chaque matin et chaque soir, dans deux endroits différents : du cinéma !

Je n'ai pas vu deux fois la même chose.

Une maison essaye de se cacher derrière un arbre.

L'arbre n'essaye pas de se cacher derrière la maison.

L'arbre, il s'en fout

Si on installait des caméras de vidéosurveillance dans la forêt,

y aurait-il quelqu'un pour regarder les films ?

L'ombre est allée dans le champ d'à côté

La nuit est arrivée

Je n'ai rien pu faire

Combien de couleurs figurent dans le paysage que vous voyez ?

Nommez trois arbres vus au cours de votre promenade, et trois qui n'y étaient pas.

Que sentez-vous ?

Nommez trois espèces d'oiseaux croisées durant votre promenade.

Pensez-vous que les taupes ont des habitats plus confortables que les nôtres ?

Il y a un point de vue où les humains sont plus petits que la nature. Trouvez-le.

Il y a un point de vue où la nature et les humains ont la même échelle. L'avez-vous observé ?

Suivez votre désir pendant 10 minutes

Avez-vous dessiné un nouveau chemin?

Quoi?

Lorsqu'il pleut sur une forêt, y a-t-il une goutte de pluie par feuille d'arbre?

Comme on cueillerait un fruit, prenez une goutte d'eau entre vos doigts

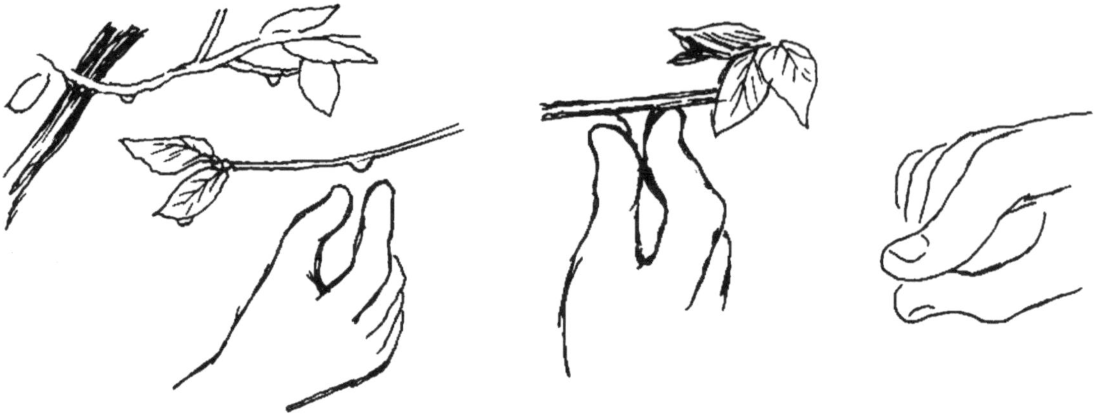

Était-ce l'ombre ? moi ? ou le soleil qui jouait avec la haie ?

Qu'avez-vous retenu ?

Qu'avez-vous oublié ?

Eut-elle un jour le rêve de danser

cette mini branche

prise par le fil d'une toile d'araignée?

Solo pour une spectatrice

Ici, une araignée propose ses services pour étendre le linge.
Personne n'en profite.

Une feuille guide mes pas sur quelques mètres, puis s'arrête.

Personne ne prend le relais.

Je suis perdu !

UN ARTISTE, UNE ŒUVRE :

les cailloux blancs

Work in progress

Avez-vous conscience qu'une branche tombée au sol

a soigneusement évité votre tête ?

J'ai retrouvé mon chemin !

Parfois, s'allonger sous un ciel nuageux...

Qui des végétaux, des animaux ou des humains
semblent les plus immobiles ?

La dernière feuille de l'arbre s'est envolée

un oiseau l'a remplacée

L'hiver a gommé un peu du paysage

et il a tourné la page…

Printemps

Domaine de Kerguéhennec. Nous sommes début mai, il fait frais, la nuit va tomber.

Pourquoi, d'ailleurs, dit-on que la nuit « tombe » ? C'est le printemps, je sors.

Revenir au même endroit, à un moment différent
c'est se demander si l'on a changé.

Se permettre de souffler un peu...

Et si la nature n'existait pas ?

S'il n'y avait pas d'un côté la nature...

et de l'autre les humains…

Quels mots emploierait-on pour parler de tout ça?

Repenser les cartes, c'est repenser le monde.
L'espace du frêne
le pays des pipistrelles
la maison du ragondin

Traversée de l'espace des grillons
TSS
TSS
TSS
TSS
TSS
TSS
TSS
TSS
TSS
TSS
TSS
Vu l'odeur, ici ça doit être l'espace des renards.

Les oiseaux parlent, je ne comprends rien
(Heureusement qu'ils ne m'invitent pas à dîner)

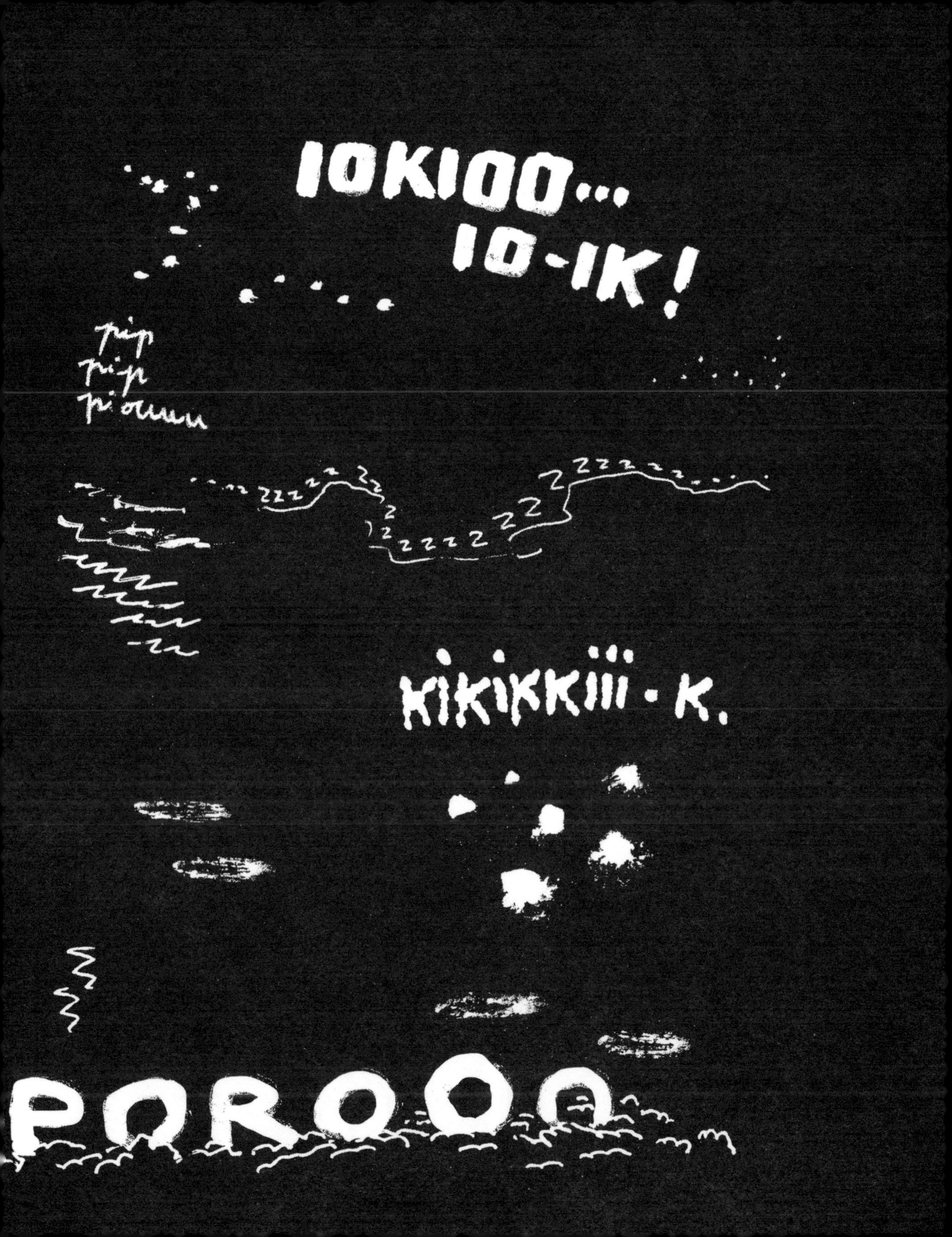
IOKIOO...
IO-IK!
pip
pip
pi ouuu
KIKIKKIII - K.
POROOO

Marcher sur la pointe des pieds
Ne plus bouger
Rester immobile
Fermer les yeux
Sentir l'air qui traverse le corps par la respiration
CR
CHK
Tri Tri

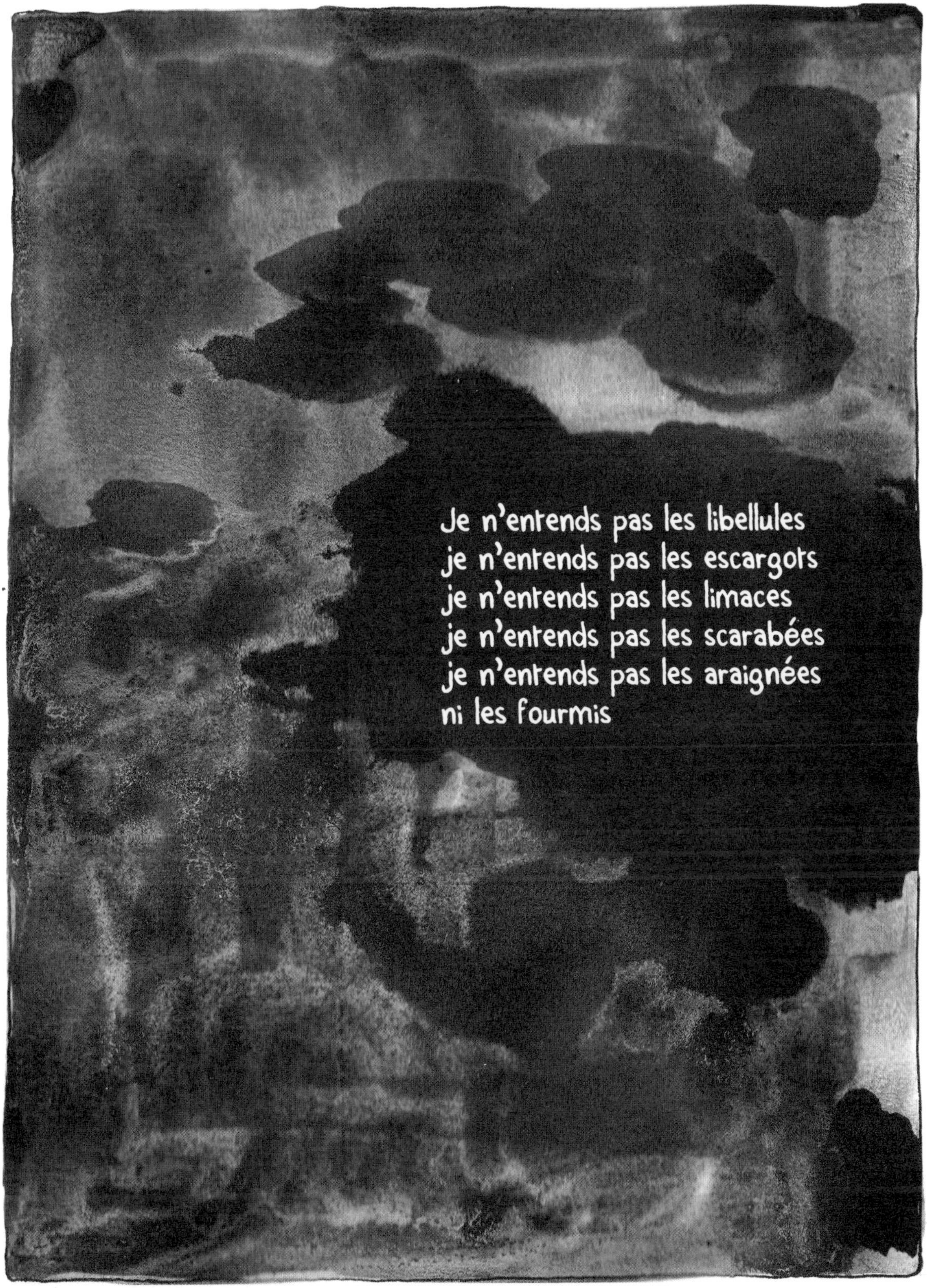

Je n'entends pas les libellules
je n'entends pas les escargots
je n'entends pas les limaces
je n'entends pas les scarabées
je n'entends pas les araignées
ni les fourmis

«L'animal, c'est l'être aux aguets.
L'écrivain, il est aux aguets.
On ne le laisse jamais tranquille, un animal.
Il mange, il doit surveiller ce qui lui arrive dans le dos, à côté...

L'écrivain, il écrit pour.
À l'intention des lecteurs.
Mais aussi à la place.
J'écris à la place des bêtes.
Les hommes, quand ils meurent…
Ils meurent comme des bêtes. »
G. Deleuze

Vient alors un moment

Où l'on ne fait qu'un

C'est vrai que ce n'est pas tous les jours
qu'on se promène de nuit dans une forêt

Tout le monde est là

Le ciel est tombé à l'eau

Tiens! Un ragondin.

Le jour se lève

Je n'ai jamais douté
de l'invisible

Revenir au même endroit, à un moment différent
c'est se rendre compte que l'on a changé.

Été

Se balader

avec plaisir
et insouciance

comme on traverserait
la vie

C'est l'été

Je me suis
mis à la place
d'un hérisson

(C'est
très
sympa)

Le temps passe

Comment représenter
des liens invisibles ?

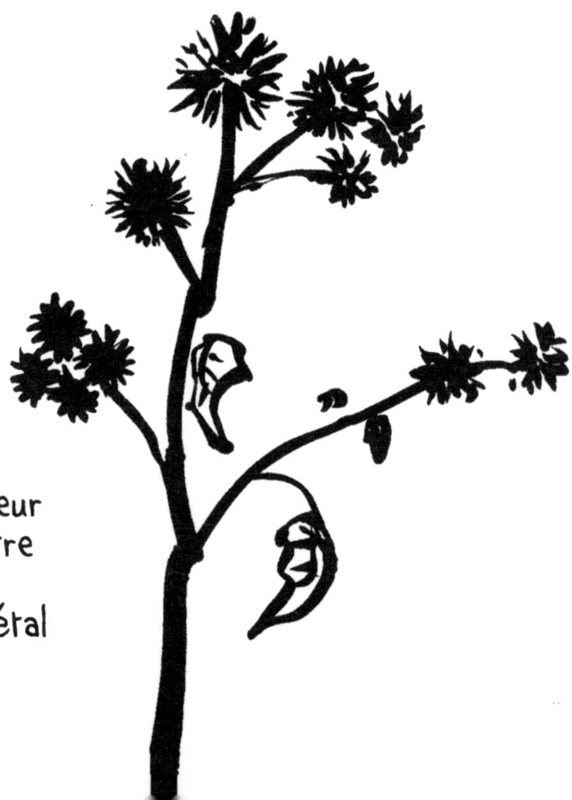

Quoi relier ?

entre les herbes
entre chien et loup
entre le ciel et la terre
entre l'intérieur et l'extérieur
entre une pierre et une autre
entre le micro et le macro
entre un animal et un végétal

Que s'est-il passé entre ce moment-ci et celui-là ?

Et si les frontières étaient
des lieux de rencontres,
d'échanges, de diplomatie ?

Exemple de lien interespèces

Lien d'amitié entre deux fourmis

Partons à la recherche de ce qui existe « entre »

Dans la communication interespèces, il y a parfois des ratés

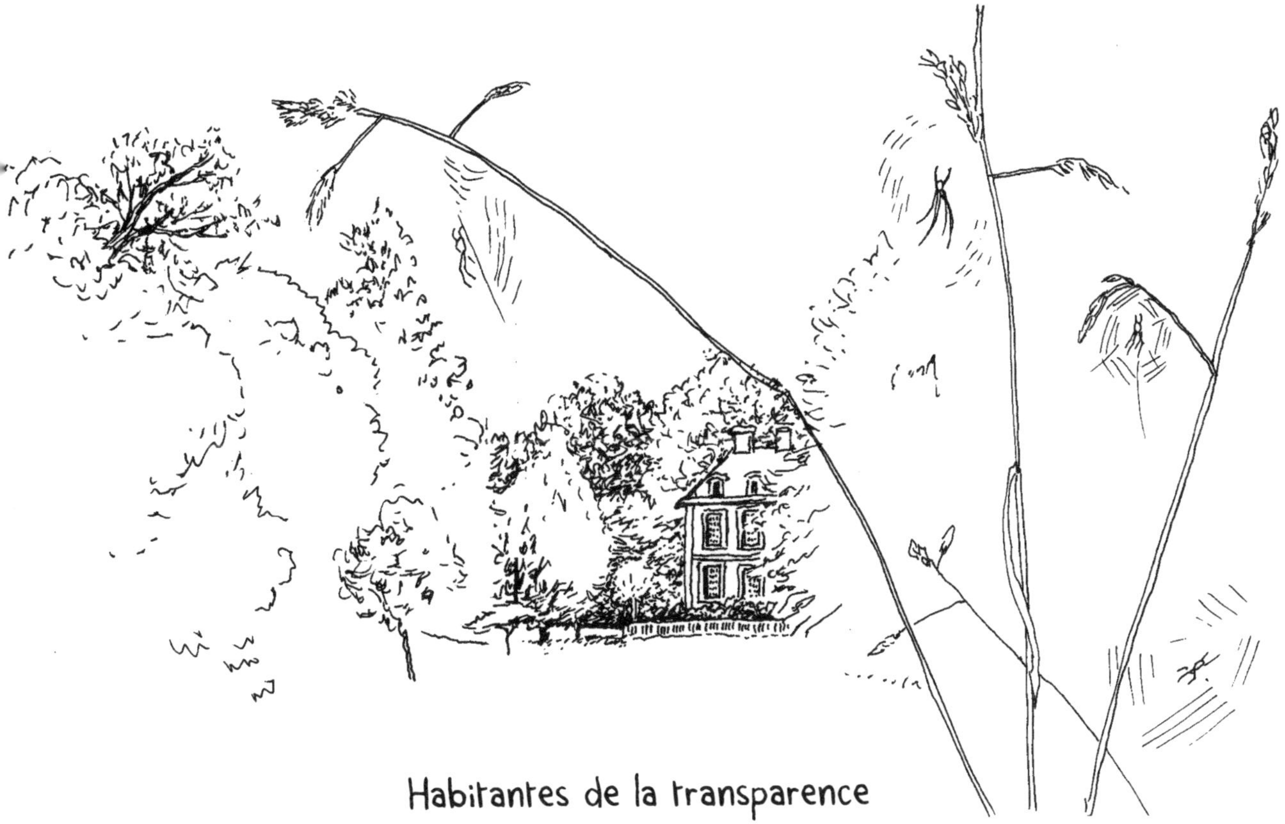

Habitantes de la transparence

J'ai retrouvé le ragondin, il donnait à manger aux vers, aux mouches...

Exercice : changer de point de vue (1)

Exercice : changer de point de vue (2)

Et si on pouvait rétrécir pour se mettre vraiment à la place des animaux

Franchement, il y en a qui vivent bien

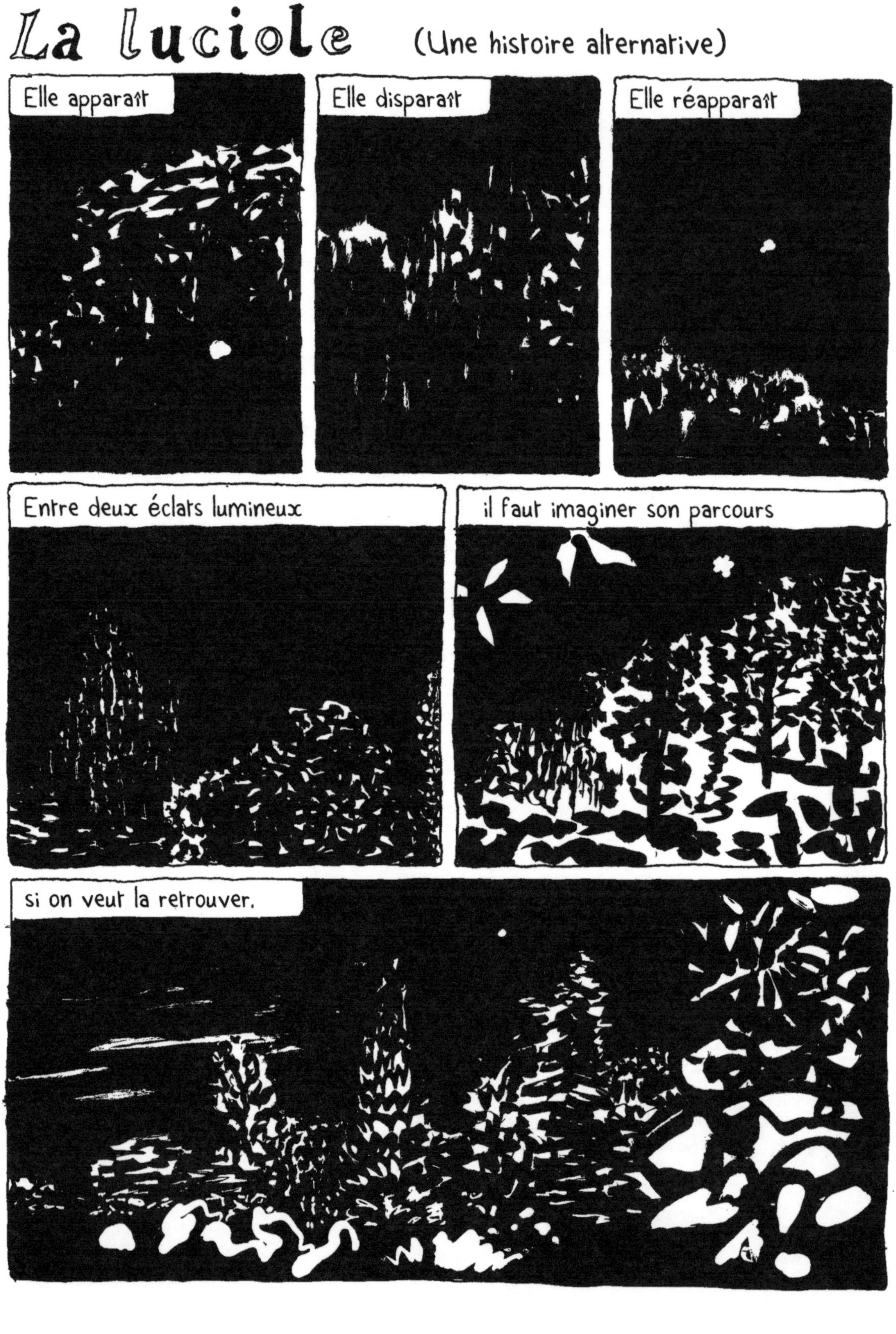
La luciole (Une histoire alternative)
Elle apparaît
Elle disparaît
Elle réapparaît
Entre deux éclats lumineux
il faut imaginer son parcours
si on veut la retrouver.

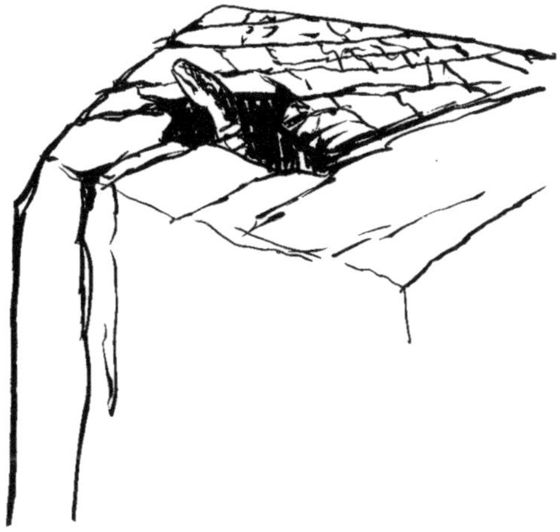

Et s'il n'y avait pas de règles,
mais des accords ?

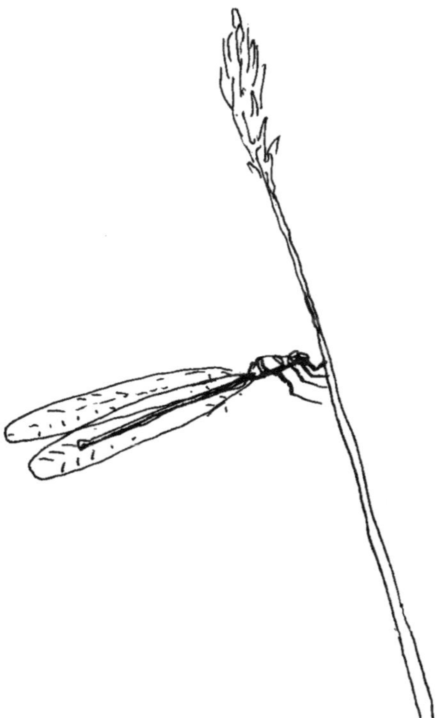

Et si le corps humain était un système ouvert
laissant entrer l'extérieur à l'intérieur ?

Dispositif pour changer de point de vue

Observation d'un animal visible et invisible

Insecte rendu visible par
son déplacement sur l'eau

Arbre abritant des chenilles,
des oiseaux et des fourmis

Même lorsque j'essaye d'écouter les poissons, j'entends les oiseaux

Il y a une odeur spéciale,
qui n'était pas là cet hiver, non?

Que d'amour!

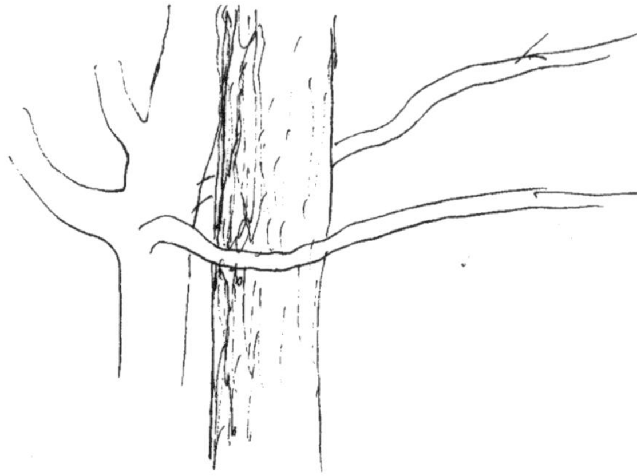

Vous est-il déjà arrivé de recevoir
un rayon de soleil sur le visage alors que
vous étiez occupé à ne rien faire?

Un arbre

absorbe un groupe d'oiseaux

qu'il libère par petites touches

Lorsqu'il pousse, le gland va
dans deux directions :

L'extérieur va
vers la lumière

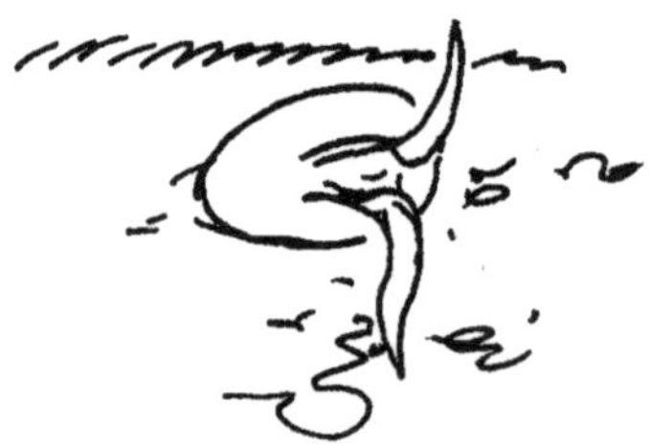

L'intérieur, vers
les profondeurs

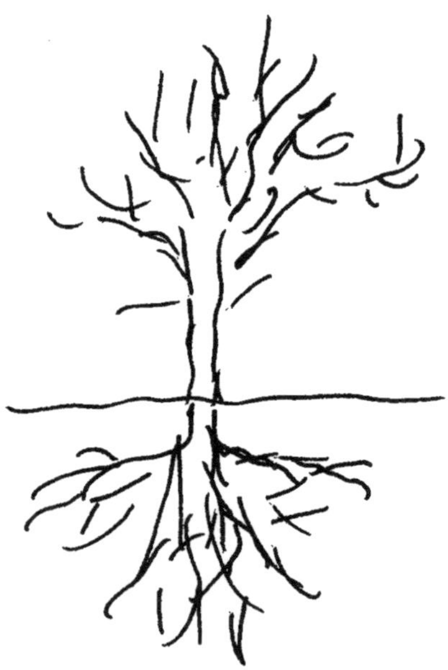

Ce qui donne d'un côté
les branches et de l'autre,
les racines.

Parfois, une chose visible
possède son identique, invisible

La pierre est plus lente que l'arbre, l'arbre est plus lent que l'humain, l'humain est plus lent que l'oiseau. Je peux voir le mouvement de l'oiseau, mais pas le mouvement de la pierre (il faudrait que je vive plus longtemps).

Tiens !

Des canards égyptiens…

Dessin réalisé par le canard
(vue du dessus)

Clins d'œil de l'eau qui tombe sur l'eau

Est-ce que les petits éléments d'une forêt ont les mêmes formes que les grands éléments de la forêt et, si oui, sont-ils organisés de la même façon? Aurait-on, dans ce cas, deux forêts en une seule, à des échelles différentes?

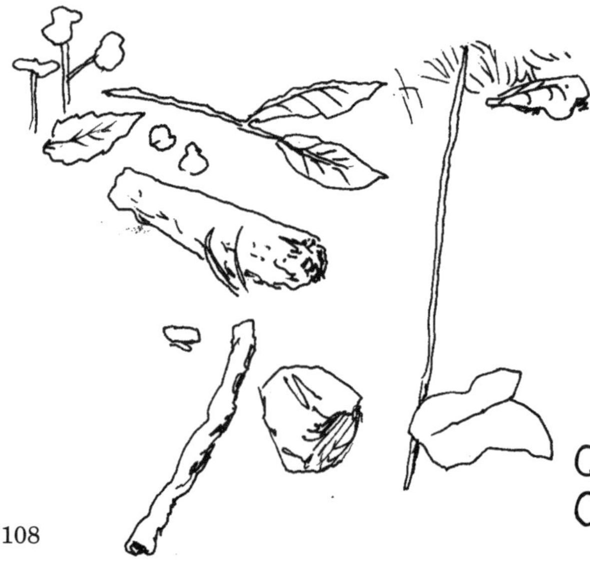

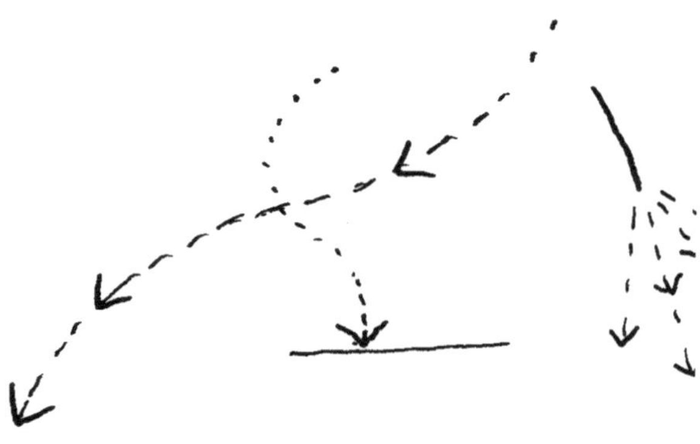

Que fait la lumière? Par où passe-t-elle? Où va-t-elle? Où s'arrête-t-elle?

Le son des feuilles frémissant à la cime des arbres

Il s'est dit quelque chose que je n'ai pas entendu

Quelles expériences faire pour changer notre relation au monde ?

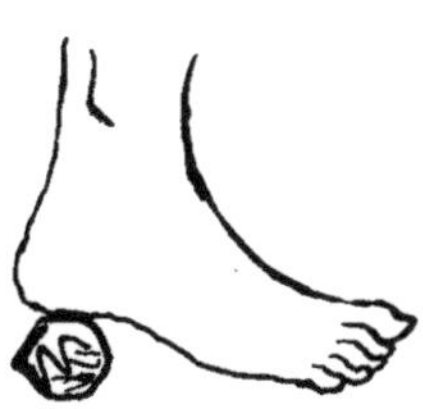

Mettre un caillou dans sa chaussure

Se balader nu sous la pluie

Manger des champignons au hasard

(Pourquoi, parfois, la forêt s'éclaire à un endroit plutôt qu'un autre ?)

En automne, je pourrai dire
« j'ai été en été »
mais en hiver, que dirai-je ?

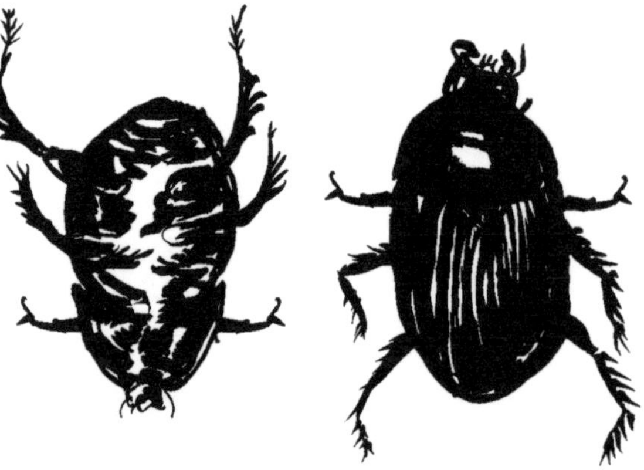

Est-ce le même scarabée que je remets
chaque jour sur ses pattes ?

Est-ce l'expérience qui produit la pensée
ou la pensée qui provoque l'expérience ?

Je vous épargne les couleurs de l'été, il y en a tellement
que c'est presque indécent

Ici, on s'assoit au pied d'un arbre
pour écouter les oiseaux

Les oiseaux s'en fichent
de Chopin

L'inverse n'est pas certain

Les oiseaux s'arrêtent beaucoup plus rapidement qu'ils ne volent

Automne

Pendant combien de temps une feuille n'est ni sur l'arbre, ni sur le sol?

Vous tenez entre les mains un livre de mini gymnastiques intellectuelles pour rester alerte à l'égard du vivant

Finalement, puisqu'on ne voit pas les oiseaux, on peut penser que ce sont les arbres eux-mêmes qui émettent des sons...

Il pleut des marrons

Le temps passe

Promenade sur les réseaux

Où que l'on aille, quoi que l'on fasse, il y a toujours quelqu'un qui passe la tondeuse pas loin

Même le sol a changé

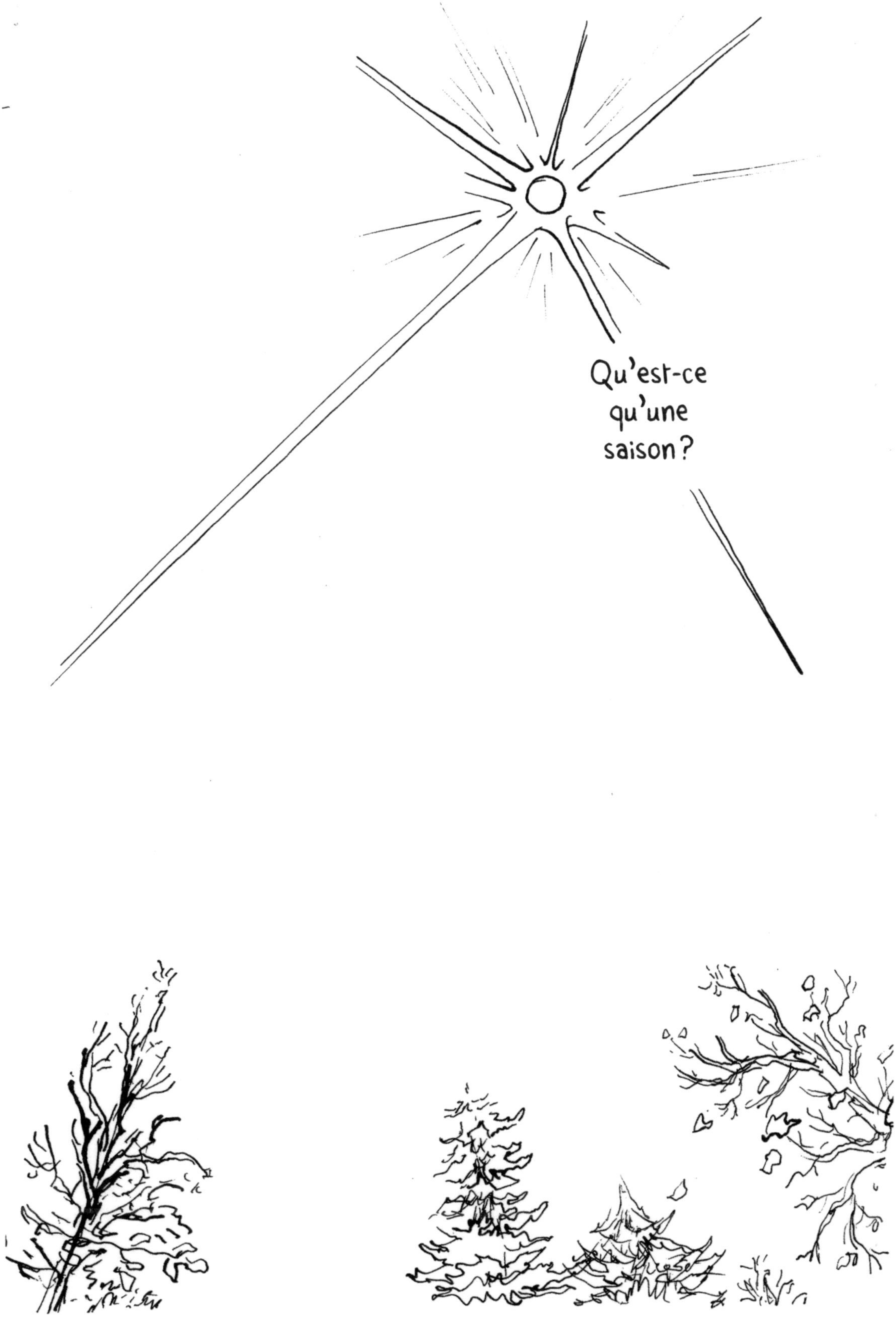
Qu'est-ce
qu'une
saison?

Le silence

Les oiseaux se parlent dans les interstices du silence

On y voit déjà plus clair

Il pleut sur mon
dessin et c'est
plutôt plaisant
de relier l'art
aux éléments

Ramassez ce qui est noir autour de vous

Ici, le gris métallique du ciel propulse les jaunes, verts et ocres des arbres au premier plan, tandis que le château reste blanc terne. Une lumière claque sur l'herbe.

À ce moment précis, le ciel était ocre-jaune.

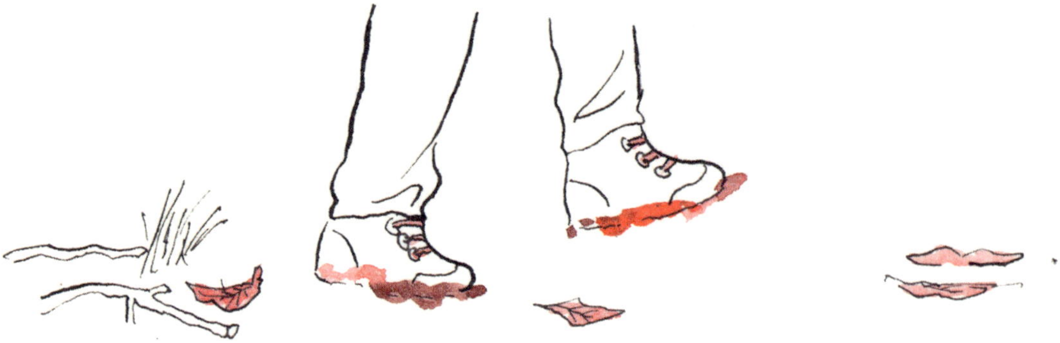

Les pieds qui collent à l'automne

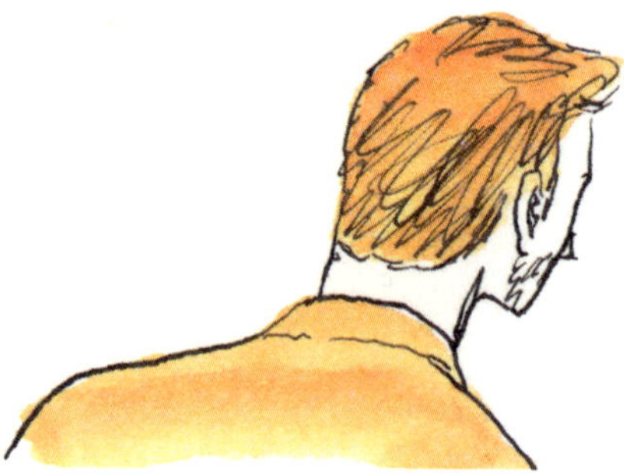

L'humidité m'embrasse le cou

Les feuilles me vibrent les cheveux

Nous sommes en vie!

Le son immense des arbres dont le frémissement file avec le vent

Lentement

De l'air ! De l'air !

Note pour maintenant : mettre ces moments à l'abri

Parfois, l'ennui

se transforme
en appétit

pour les choses
de la vie

DU MÊME AUTEUR

Aux Éditions Actes Sud

ÉCOLILA, 2019.

MARCEL DUCHAMP. Un petit jeu entre moi et je, 2014.

Aux Éditions Denoël

MATHILDE. Danser après tout (avec Mathilde Monnier), Denoël Graphic, 2013.

Composition : Nord Compo
Achevé d'imprimer par Corlet
Dépôt légal : novembre 2024
Numéro d'imprimeur : 24090643
ISBN : 978-2-07-306435-6 / Imprimé en France
629 622